Impressum
Verlag: BABADADA GmbH, Nedderfeld 112 , 22529 Hamburg
Geschäftsführer / Verlagsleitung: Harald Hof
Druck: Books on Demand GmbH, In de Tarpen 42, 22848 Norderstedt

Imprint
Publisher: BABADADA GmbH, Nedderfeld 112 , 22529 Hamburg, Germany
Managing Director / Publishing direction: Harald Hof
Print: Books on Demand GmbH, In de Tarpen 42, 22848 Norderstedt

mekdep

el colegio

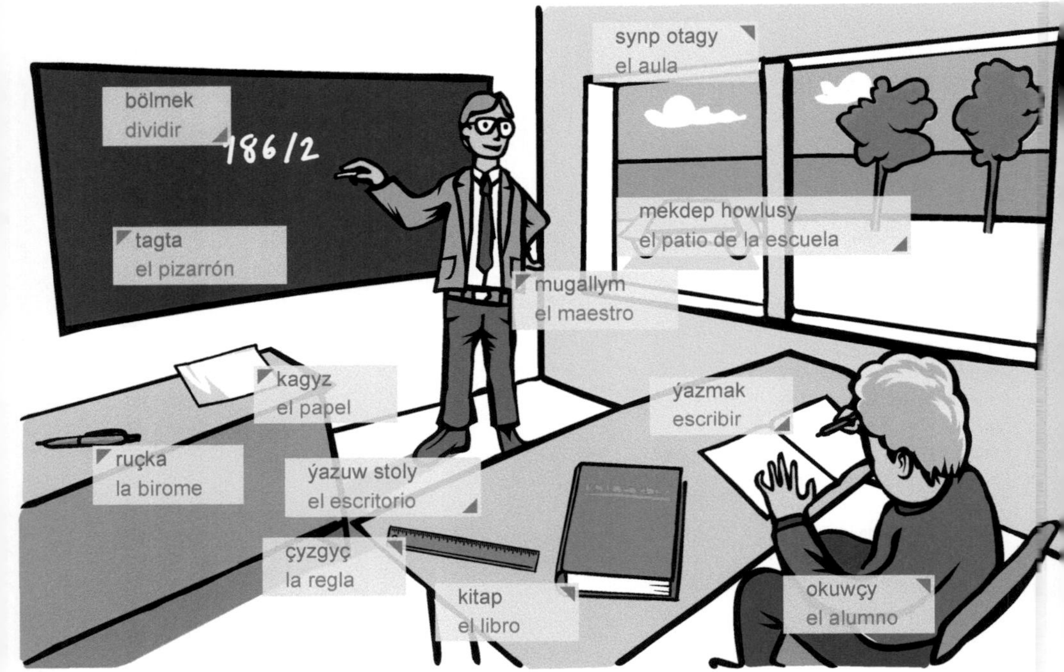

synp otagy
el aula
bölmek
dividir
186/2
tagta
el pizarrón
mekdep howlusy
el patio de la escuela
mugallym
el maestro
kagyz
el papel
ýazmak
escribir
ruçka
la birome
ýazuw stoly
el escritorio
çyzgyç
la regla
kitap
el libro
okuwçy
el alumno

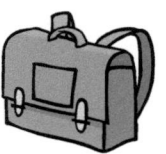

ranes

la mochila

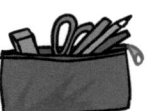

penal

la caja de lápices

galam

el lápiz

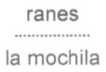

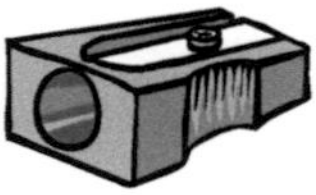

galam artylýan

el sacapuntas

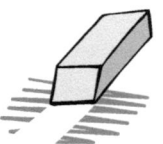

bozguç

la goma (de borrar)

surat çekmek üçin albom

el bloc de dibujo

surat
el dibujo

çotgajyk
el pincel

reňkli guty
la caja de pinturas

gaýçy
la tijera

ýelim
el pegamento

depder
el cuaderno de ejercicios

öý işi
la tarea

san
el número

2+2

goşmak
sumar

aýyrmak
restar

köpeltmek
multiplicar

hasaplamak
calcular

harp
la letra

ABCDEFG
HIJKLMN
OPQRSTU
VWXYZ

elipbiý
el abecedario

söz
la palabra

tekst

el texto

okamak

leer

hek

la tiza

sapak

la lección

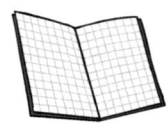

synp dergisi

el cuaderno de clase

synag

el examen

diplom

el certificado

mekdep lybasy

el uniforme escolar

bilim

la educación

ensiklopediýa

la enciclopedia

uniwersitet

la universidad

mikroskop

el microscopio

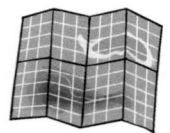

karta

el mapa

kagyz üçin sebet

el tacho (de basura)

syýahat
el viaje

myhmanhana
el hotel
Grand
syýahatçylyk bazasy
el hostel
ROOMS
walýuta çalyşmak üçin bent
la casa de cambio
çemedan
la valija
awtomobil
el auto

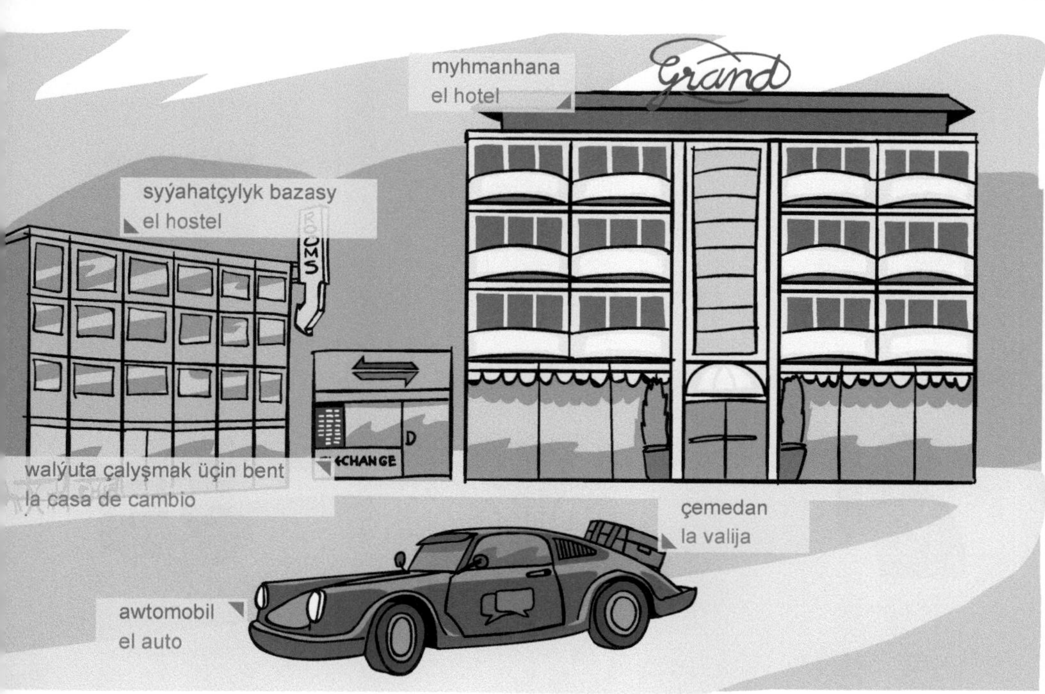

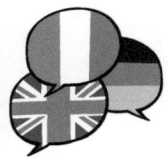

dil

el idioma

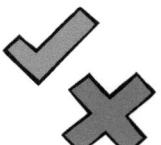

hawwa / ýok

sí / no

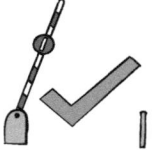

bolýa

Está bien

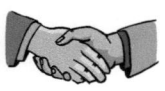

salam

hola

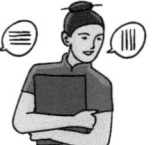

terjimeçi

el traductor

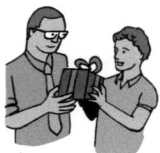

Minnetdar

Gracias

bahasy näçe?

¿cuánto cuesta…?

men düşünmeýärin

No entiendo

mesele

el problema

Agşamyňyz haýyr!

¡Buenas tardes!

Ertiriňiz haýyrly!

¡Buenos días!

Gijäňiz rahat bolsun!

¡Buenas noches!

görüşýänçäk

el adiós

ugur

la dirección

ýük

el equipaje

torba

el bolso

eginden asylýan torba

la mochila

myhman

el invitado

otag

la habitación

halta ýorgan

la bolsa de dormir

çadyr

la carpa

syýahatçylyk maglumaty

la información turística

kenarýaka

la playa

karz karty

la tarjeta de crédito

ertirlik

el desayuno

günortanlyk

el almuerzo

agşamlyk

la cena

petek

el pasaje

lift

el ascensor

poçta markasy

el sello

çäk

la frontera

gümrük

la aduana

ilçihana

la embajada

wiza

la visa

pasport

el pasaporte

ulag
el transporte

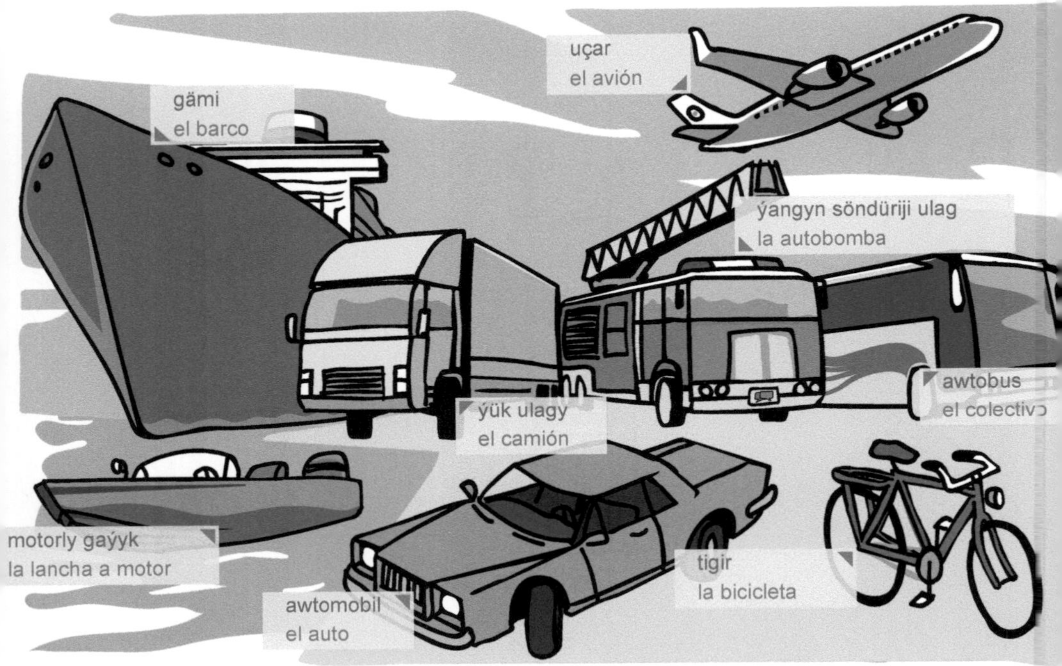
uçar
el avión
gämi
el barco
ýangyn söndüriji ulag
la autobomba
awtobus
el colectivo
ýük ulagy
el camión
motorly gaýyk
la lancha a motor
tigir
la bicicleta
awtomobil
el auto

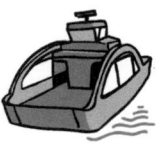

parom
el ferry

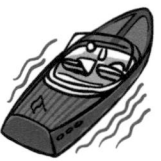

gaýyk
el bote

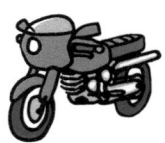

motosikl
la moto

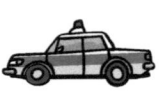

polisiýa ulagy
el patrullero

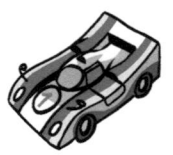

çapyşyk
el auto de carreras

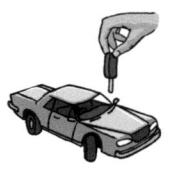

kärendä alnan ulga
el auto de alquiler

ulagy bilelikde ulanmak

el alquiler de autos

tirkeg ulagy

la grúa

zir-zibil daşaýan ulag

el camión de la basura

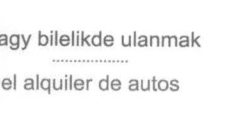

hereketlendiriji

el motor

ýangyç

la nafta

guýma

la estación de servicio

ýol belgisi

la señal de tránsito

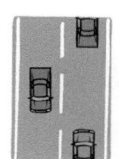

hereket

el tránsito

dyky

el embotellamiento

awtoduralga

el estacionamiento

menzil

la estación de tren

seplem

las vías

otly

el tren

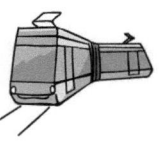

tramwaý

el tranvía

wagon

el vagón

dik uçar

el helicóptero

howa menzili

el aeropuerto

minara

la torre

ýolagçy

el pasajero

konteýner

el contenedor

guty

la caja de cartón

araba

la carretilla

sebet

la canasta

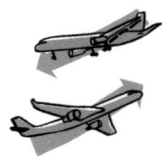

uçmak / gonmak

despegar / aterrizar

şäher

la ciudad

oba

el pueblo

şäher merkezi

el centro de la ciudad

öý

la casa

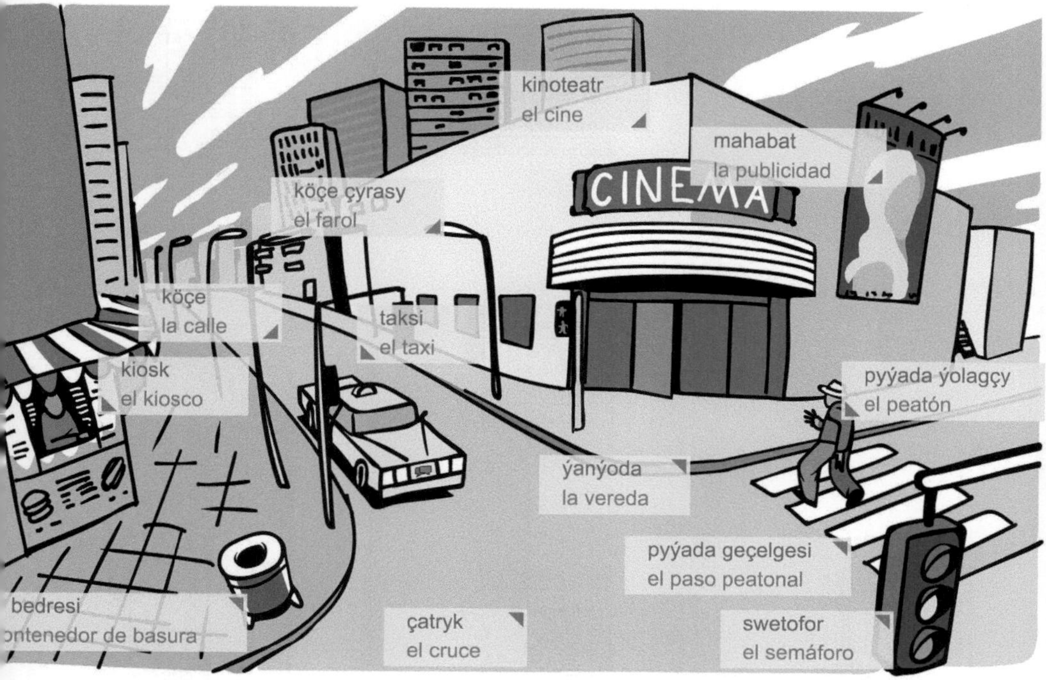
kinoteatr
el cine
mahabat
la publicidad
CINEMA
köçe çyrasy
el farol
köçe
la calle
taksi
el taxi
kiosk
el kiosco
pyýada ýolagçy
el peatón
ýanýoda
la vereda
pyýada geçelgesi
el paso peatonal
bedresi
ontenedor de basura
çatryk
el cruce
swetofor
el semáforo

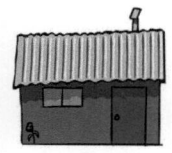

kepbe

la cabaña

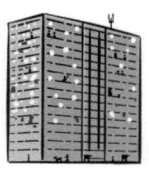

öý

el departamento

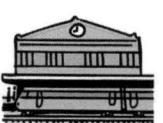

menzil

la estación de tren

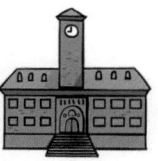

şäher häkimligi

la municipalidad

MUSEUM

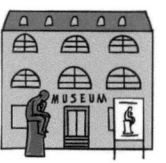

muzeý

el museo

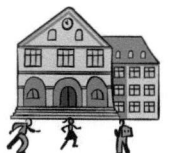

mekdep

el colegio

uniwersitet

la universidad

bank

el banco

hassahana

el hospital

myhmanhana

el hotel

dermanhana

la farmacia

ofis

la oficina

kitap dükany

la librería

dükan

el negocio

gül dükany

la florería

supermarket

el supermercado

bazar

el mercado

uniwermag

las grandes tiendas

balyk söwdagäri

la pescadería

söwda merkezi

el centro comercial

port

el puerto

park

el parque

oturgyç

el banco

köpri

el puente

merdiwan

las escaleras

metro

el subte

ötük

el túnel

awtobus

la parada del colectivo

bar

el bar

restoran

el restaurante

poçta gutusy

el buzón

köçäni adyny görkezýän
ýazgy

el letrero

parkometr

el parquímetro

haýwanat bagy

el zoológico

basseýn

la pileta

metjit

la mezquita

ferma

la granja

daşky gurşawyň hapalanmagy

la contaminación

gonamçylyk

el cementerio

buthana

la iglesia

çaga meýdançasy

los juegos infantiles

ybadathana

el templo

landşaft

el paisaje

ýaprak
la hoja

ýol görkeziji
el poste indicador

ýol
el camino

ýaýla
la pradera

daş
la piedra

syýahatçy
el excursionista

agaç
el árbol

derýa
el río

ot
la hierba

gül
la flor

dere

el valle

dag

la montaña

köl

el lago

tokaý

el bosque

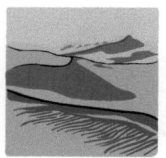

çöl

el desierto

wulkan

el volcán

gulp

el castillo

älemgoşar

el arco iris

kömelek

el champiñón

palma agajy

la palmera

çybyn

el mosquito

sinek

la mosca

garynja

la hormiga

bal arysy

la abeja

möý

la araña

tomzak

el escarabajo

gurbaga

la rana

awusiýdik

la ardilla

kirpi

el erizo

towşan

la liebre

baýguş

la lechuza

guş

el pájaro

guw

el cisne

ýekegapan

el jabalí

sugun

el ciervo

los

el alce

bent

la presa

şemal generatory

el aerogenerador

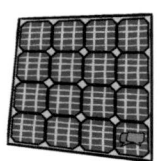

gün batareýasy

el panel solar

howa

el clima

restoran

el restaurante

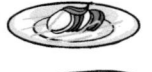

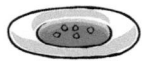

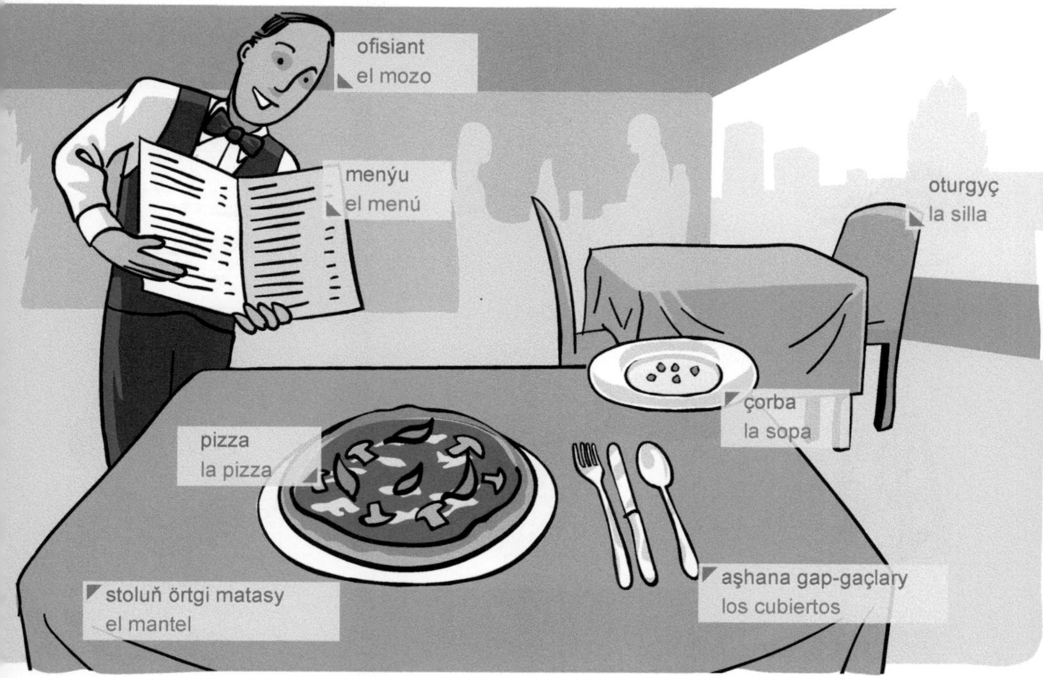

ofisiant
el mozo
menýu
el menú
oturgyç
la silla
çorba
la sopa
pizza
la pizza
stoluň örtgi matasy
el mantel
aşhana gap-gaçlary
los cubiertos

garbanma

la entrada

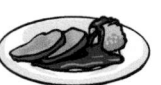

esasy tagam

el plato principal

süýjülik

el postre

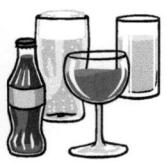

içgiler

las bebidas

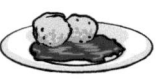

nahar

la comida

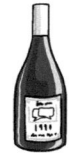

süýşe

la botella

tiz tagam

la comida rápida

köçe iýmiti

la comida callejera

çäýnek, kitir

la tetera

şeker gaby

la azucarera

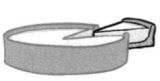

porsiýa

la porción

kofe gaýnadyjy

la cafetera expreso

çaga oturgyjy

la sillita alta

hasap

la cuenta

mejme

la bandeja

pyçak

el cuchillo

çarşak

el tenedor

çemçe

la cuchara

çaý çemçesi

la cucharita

salfetka

la servilleta

bulgur

el vaso

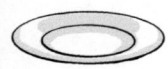

tarelka

el plato

çorba tarelkasy

el plato hondo

tabajyk

el plato

sous

la salsa

duz gaby

el salero

burçy üweýji

el molinillo de pimienta

sirke

el vinagre

ýag

el aceite

huruş

las especias

ketçup

el kétchup

gorçisa

la mostaza

maýonez

la mayonesa

supermarket

el supermercado

ýörite teklip
la oferta especial
FOR
alyjy
el cliente
süýt önümleri
los lácteos
miweler
la fruta
satyn alnan zatlar üçin araba
el changuito

BUTCHERS

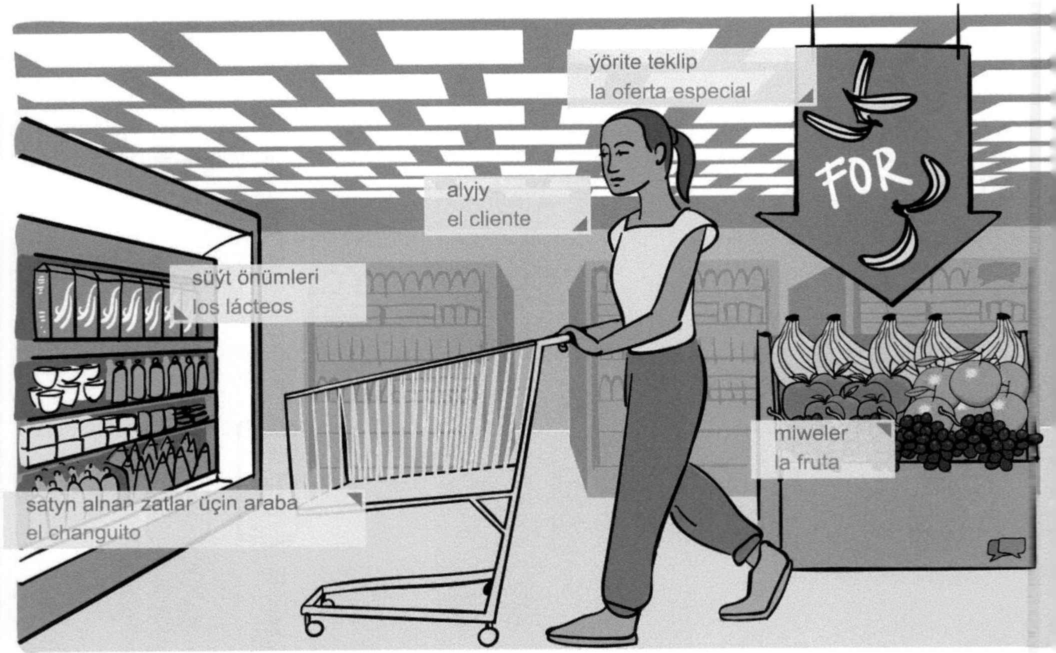

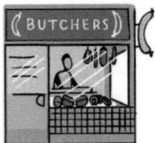

et dükany

la carnicería

BAKERY

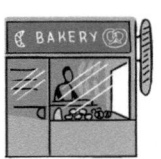

çörek kärhanasy

la panadería

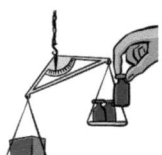

ölçemek

pesar

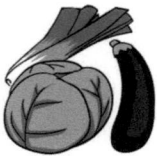

gök önümler

las verduras

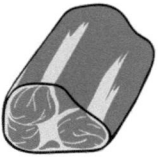

et

la carne

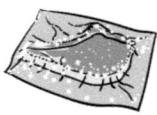

tiz doňýan önümler

los alimentos congelados

kesme
los fiambres

konserwirlenen önümler
los alimentos enlatados

kir ýuwujy toz
el detergente en polvo

süýjülikler
las golosinas

öýde ulanylýan zat
los electrodomésticos

ýuwujy serişde
los productos de limpieza

satyjy aýal
la vendedora

kassa
la caja

pulhanaçy
el cajero

satyn alynmaly zatlar
la lista de compras

iş wagty
el horario de atención

gapjyk
la billetera

karz karty
la tarjeta de crédito

sumka
la cartera

polietilen paket
la bolsa de plástico

suw

el agua

şire

el jugo

süýt

la leche

koka-kola

la bebida cola

wino

el vino

piwo

la cerveza

alkogol

el alcohol

kakao

el cacao

çaý

el té

kofe

el café

espresso

el café expreso

kapuçino

el cappuccino

banan

la banana

alma

la manzana

pyrtykal

la naranja

garpyz

el melón

limon

el limón

käşir

la zanahoria

sarymsak

el ajo

bambuk

el bambú

sogan

la cebolla

kömelek

el champiñón

hoz

las nueces

un aş

los fideos

spagetti

los tallarines

tüwi

el arroz

işdäaçar

la ensalada

gowurylan ýer alma

las papas fritas

gowurylan ýer alma

las papas fritas

pizza

la pizza

gamburger

la hamburguesa

sendwiç

el sándwich

üweme

el churrasco

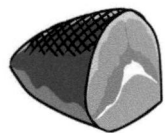

wetçina

el jamón

salýami

el salame

şöhlat

la salchicha

towuk

el pollo

gowrulyp taýýarlanýan nahar

el asado

balyk

el pescado

süle patragy

los copos de avena

mýusli

el muesli

mekgejöwen patragy

los copos de maíz

un

la harina

kruassan

la medialuna

bulka

el pancito

çörek

el pan

tost

la tostada

köke

las galletitas

ýag

la manteca

dorog

la cuajada

pirog

la torta

ýumurtga

el huevo

heýgenek

el huevo frito

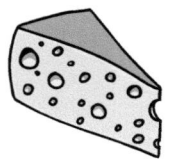

peýnir

el queso

doňdurma

el helado

şeker

el azúcar

bal

la miel

marmelad

la mermelada

nogully krem

la pasta de chocolate

karri

el curry

ferma

la granja

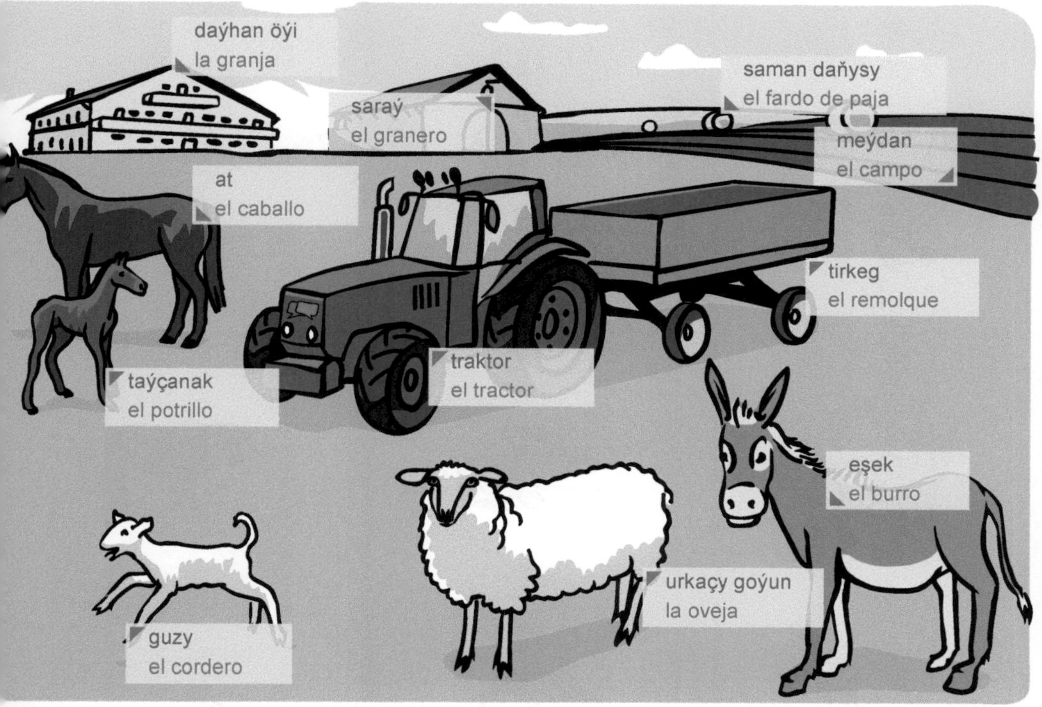

daýhan öýi
la granja
saraý
el granero
saman daňysy
el fardo de paja
meýdan
el campo
at
el caballo
tirkeg
el remolque
traktor
el tractor
taýçanak
el potrillo
eşek
el burro
urkaçy goýun
la oveja
guzy
el cordero

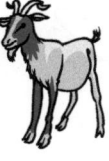

geçi

la cabra

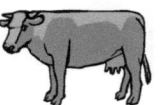

sygyr

la vaca

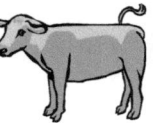

göle

el ternero

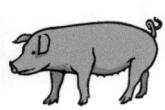

doňuz

el cerdo

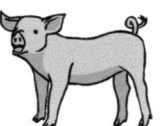

jojuk

el lechón

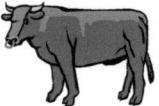

öküz

el toro

gaz

el ganso

ördek

el pato

jüýje

el pollo

towuk

la gallina

horaz

el gallo

alaka

la rata

pişik

el gato

syçan

el ratón

öküz

el buey

it

el perro

it ýatagy

la cucha

bag şlangy

la manguera

guýgyç

la regadera

orak

la guadaña

azal

el arado

orak

la hoz

kätmen

la azada

dökün çarşagy

la horquilla

palta

el hacha

galtak

la carretilla

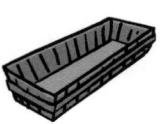

kersen

el abrevadero

süýt üçin tüññür

la lechera

halta

la bolsa

haýat

la reja

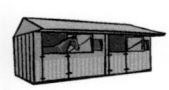

çörek

el establo

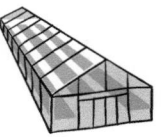

ýyladyşhana

el invernadero

toprak

el suelo

ekin

la semilla

dökün

el fertilizador

kombaýn

la cosechadora

hasyl ýygnamak
cosechar

galla
la cosecha

ýams
las batatas

bugdaý
el trigo

soýa
la soja

ýeralma
la papa

mekgejöwen
el maíz

raps
la semilla de colza

miwe agajy
el árbol frutal

manioka
la mandioca

däneli ösümlikler
los cereales

öý
la casa

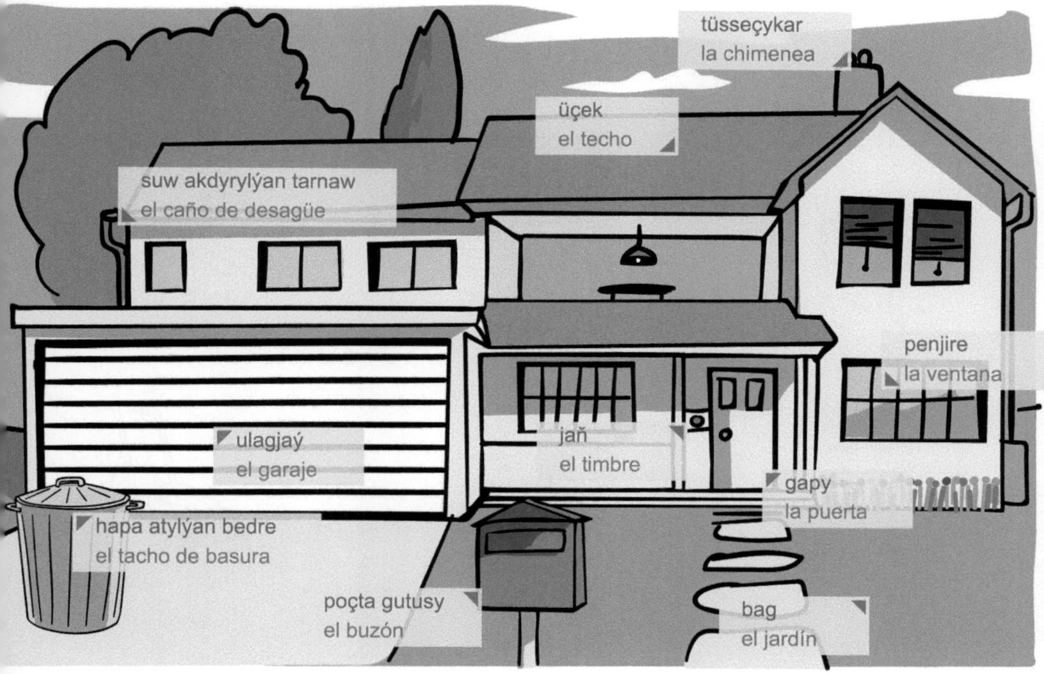
tüsseçykar
la chimenea
üçek
el techo
suw akdyrylýan tarnaw
el caño de desagüe
penjire
la ventana
ulagjaý
el garaje
jaň
el timbre
gapy
la puerta
hapa atylýan bedre
el tacho de basura
poçta gutusy
el buzón
bag
el jardín

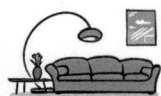

myhman otagy

el living

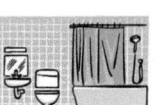

wanna otagy

el baño

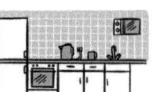

aşhana

la cocina

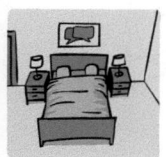

ýatalga otagy

el dormitorio

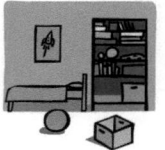

çaga otagy

el cuarto de los chicos

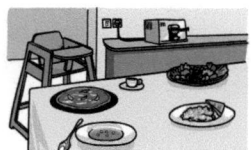

naharhana

el comedor

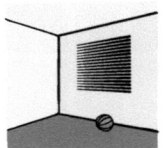

pol

el piso

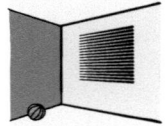

diwar

la pared

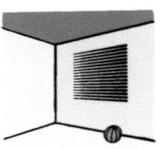

potolok

el cielorraso

ýerzemin

el sótano

hamam

el sauna

balkon

el balcón

eýwan

la terraza

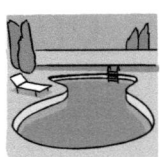

howdan

la pileta

gazon orujy

la cortadora de pasto

ýorgan daşlygy

la sábana

örtgi

el acolchado

ýatakça

la cama

sübse

la escoba

bedre

el balde

öçüriji

el interruptor

öý - la casa

myhman otagy
el living

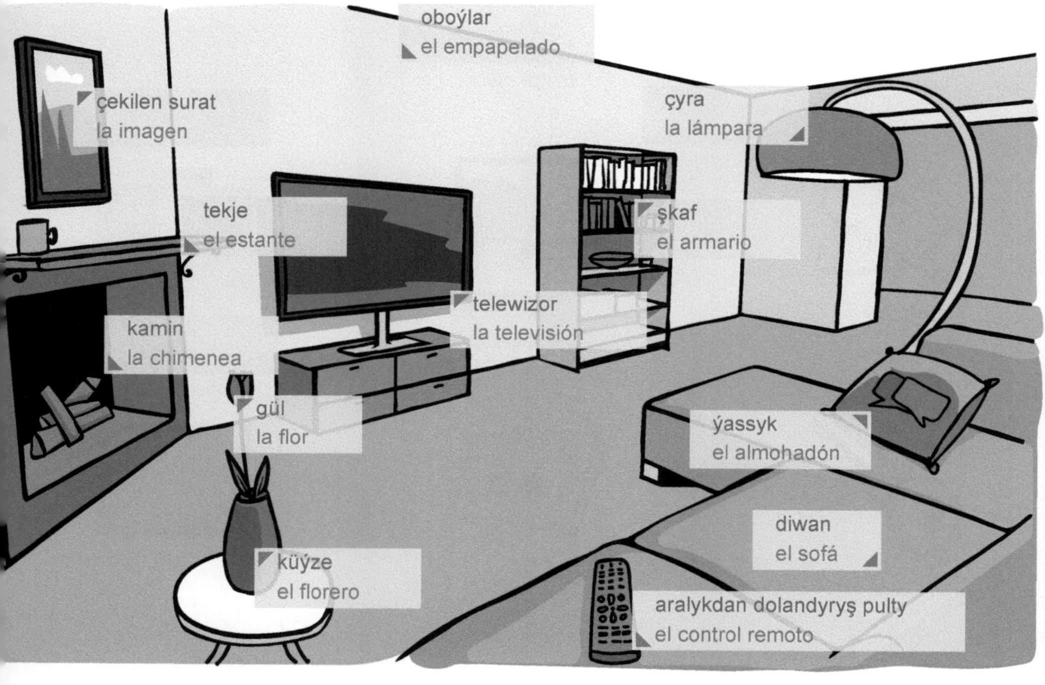
oboýlar
el empapelado
çekilen surat
la imagen
çyra
la lámpara
tekje
el estante
şkaf
el armario
telewizor
la televisión
kamin
la chimenea
gül
la flor
ýassyk
el almohadón
diwan
el sofá
küýze
el florero
aralykdan dolandyryş pulty
el control remoto

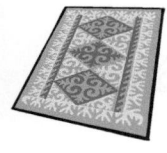

haly

la alfombra

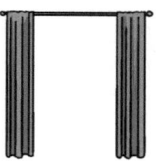

tuty

la cortina

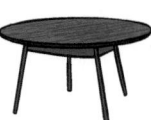

stol

la mesa

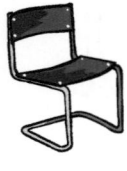

oturgyç

la silla

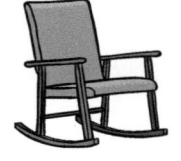

öňe-yza gaýdýan kürsi

la mecedora

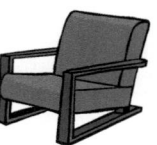

kürsi

el sillón

kitap

el libro

örtgi

la frazada

bezeg

la decoración

odun

la leña

film

la película

stereo ulgam

el equipo de música

açar

la llave

gazet

el diario

surat

la pintura

ündewsurat

el póster

radio

la radio

bloknot

el cuaderno

tozan sorujy

la aspiradora

kaktus

el cactus

şem

la vela

aşhana
la cocina

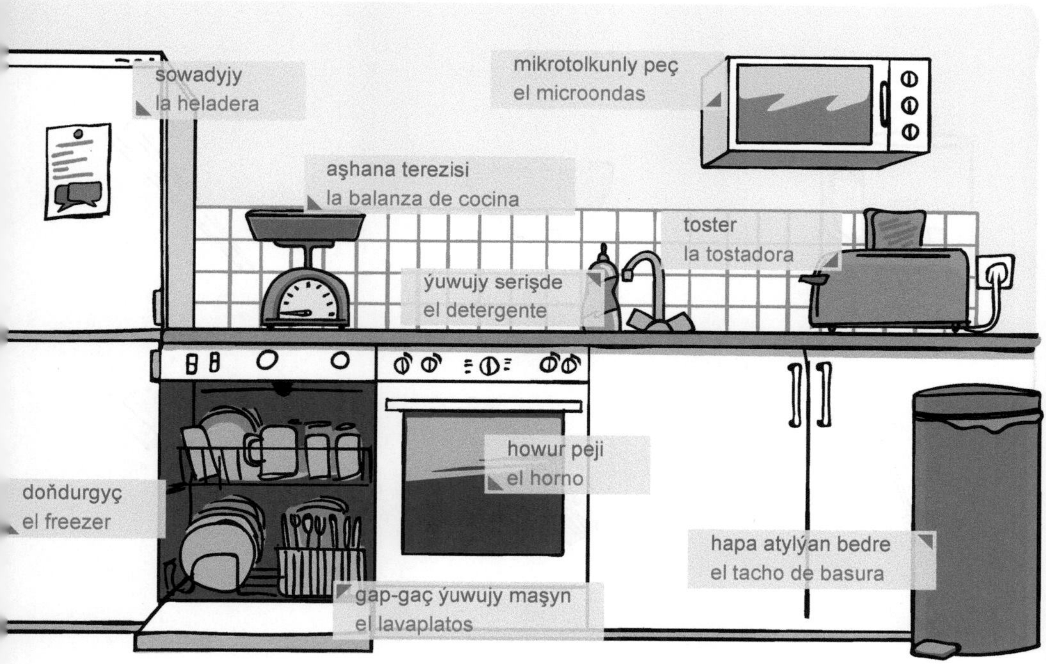

sowadyjy
la heladera
mikrotolkunly peç
el microondas
aşhana terezisi
la balanza de cocina
toster
la tostadora
ýuwujy serişde
el detergente
howur peji
el horno
doňdurgyç
el freezer
hapa atylýan bedre
el tacho de basura
gap-gaç ýuwujy maşyn
el lavaplatos

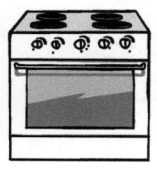

plita
la cocina

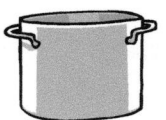

piti
la olla

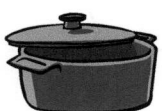

çoýun gazany
la olla de hierro fundido

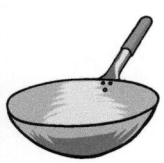

wok / kadaý
el wok

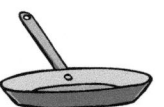

saç
la sartén

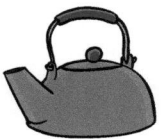

çäýnek, kitir
la pava

bugda bişiriji

la vaporera

protiwen

la bandeja de horno

gap-gaç

la vajilla

kürşge

la taza

jam

el bol

nahar iýilýän taýajyklar

los palitos

susak

el cucharón

piljagaz

la espátula

ýaýylýan maşyn

la batidora

elek

el colador

elek

el colador

gyrgyç

el rallador

soky

el mortero

gril

la parrilla

ot

la fogata

tagta

la tabla de picar

oklaw

el palo de amasar

ştopor

el sacacorchos

tüneke banka

la lata

konserwa pyçagy

el abrelatas

tutguç

la manopla

rakowina

la pileta

çotga

el cepillo

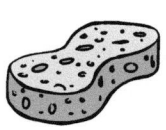

gubka

la esponja

mikser

la batidora

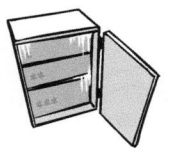

doňdurma kamerasy

el congelador

çagany iýmitlendirmek üçin
çüýşejik

la mamadera

kran

la canilla

aşhana - la cocina

wanna otagy
el baño

ýyladyş
la calefacción
süpürgiç
la toalla
duş
la ducha
duş üçin tuty
la cortina de la ducha
köpürjikli wanna
el baño de espuma
wanna
la bañadera
bulgur
el vaso
kir ýuwulýan maşyn
el lavarropas
kran
la canilla
plitka
las baldosas
küýze
la pelela
rakowina
la pileta

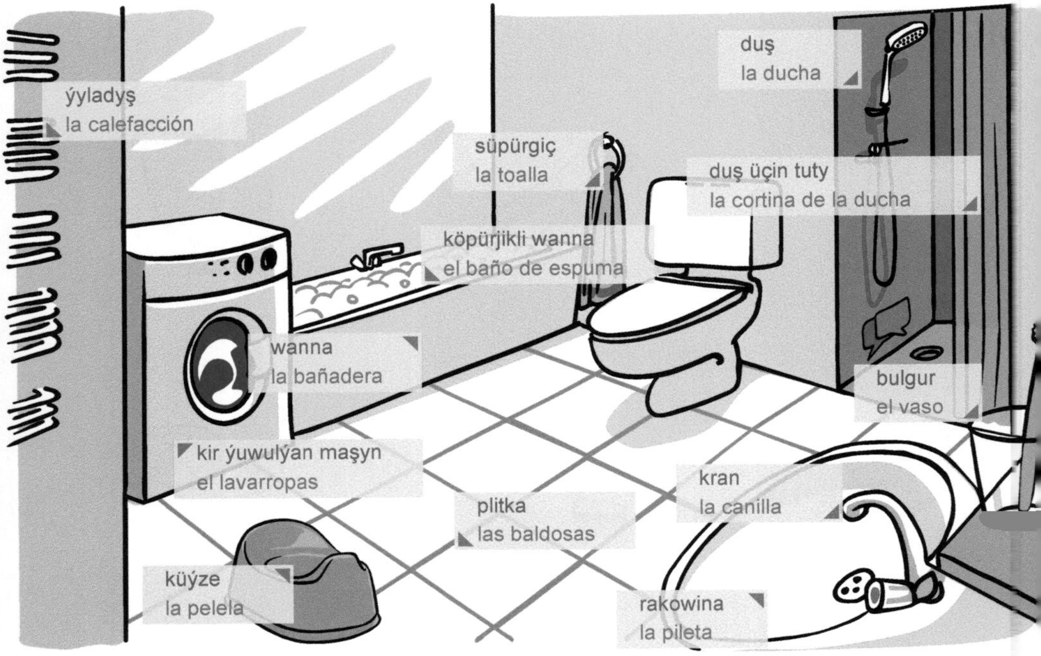

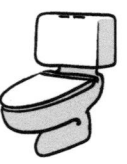

hajathana
el inodoro

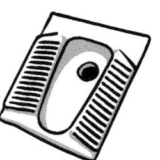

polda oturdylýan unitaz
la letrina

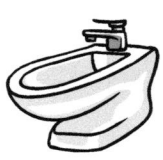

bide
el bidé

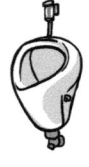

pissuar
el mingitorio

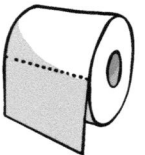

hajathana kagyzy
el papel higiénico

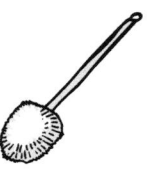

hajathana çotgasy
el cepillo para el inodoro

diş çotgasy

el cepillo de dientes

diş pastasy

el dentífrico

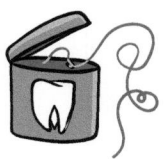

diş sapagy

el hilo dental

ýuwmak

lavar

el duşy

la ducha de mano

şahsy duş

la ducha higiénica

legen

la palangana

arka üçin çotga

el cepillo para la espalda

sabyn

el jabón

duş üçin gel

el gel de ducha

şampun

el shampoo

moçalka

la toallita

akyş

el desagüe

krem

la crema

dezodorant

el desodorante

aýna

el espejo

el aýnasy

el espejito

päki

la maquinita de afeitar

sakgal syrmak üçin köpürjik

la espuma de afeitar

sakgal syrylanyndan soňky losýon

el aftershave

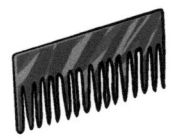

darak

el peine

çotga

el cepillo

fen

el secador de pelo

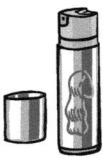

saç üçin lak

el spray

kosmetika

el maquillaje

dodaga çalynýan reňk

el lápiz de labios

dyrnaga çalynýan reňk

el esmalte para uñas

pamyk

el algodón

manikýur gaýçysy

la tijera para uñas

atyr

el perfume

kosmetika üçin gutujyk

el portacosméticos

oturgyç

la banqueta

terezi

la balanza

halat

la bata

rezin ellik

los guantes de goma

tampon

el tampón

gigiýena prokladkasy

la toallita femenina

biohajathana

el baño químico

çaga otagy

el cuarto de los chicos

oýaryjy
el despertador
ýumşak oýnawaç
el peluche
oýnawaç awtoulag
el coche de juguete
şakyrdawukly oýnawaç
el sonajero
gurjak öýi
la casa de muñecas
sowgat
el regalo

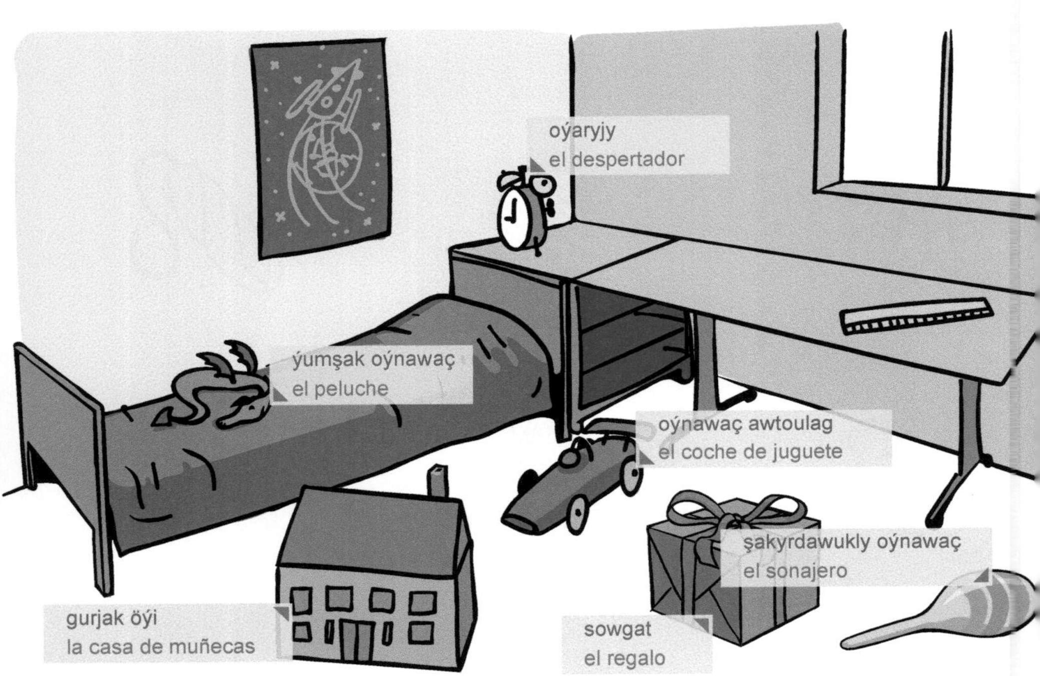

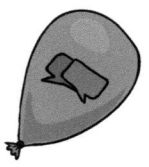

howaly şar

el globo

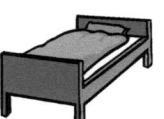

ýatakça

la cama

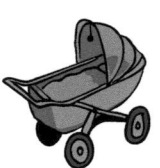

çaga arabasy

el cochecito

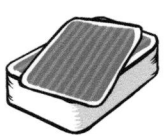

kart oýny

las cartas

pazl

el rompecabezas

SUPER
MEGA

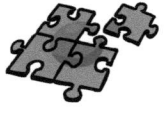

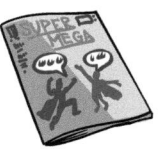

komiks

la historieta

Lego kerpiçleri

las piezas de lego

kubikler

los ladrillos de juguete

oýnawaç şekil

la figura de acción

çagalar üçin joraply balak

el enterito (de bebé)

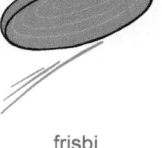

frisbi

el frisbee

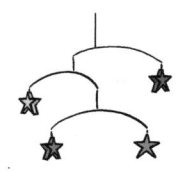

mobile

el móvil para bebés

stolüsti oýun

el juego de mesa

kubik

los dados

demir ýolunyň modeli

el tren eléctrico

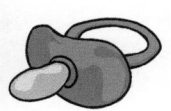

soska

el chupete

şagalaň

la fiesta

şekilli kitap

el libro de cuentos ilustrado

top

la pelota

gurjak

la muñeca

oýnamak

jugar

çäge aýmança

el arenero

hiňňildik

la hamaca

oýnawaç

los juguetes

oýun pristawkasy

la consola de videojuegos

üç tigirli welosiped

el triciclo

plýuşadan aýyjyk

el osito de peluche

egin-eşik üçin şkaf

el armario

egin-eşik

la ropa

jorap

las medias

çulki

las medias panty

kolgotka

las calzas

şarf
la bufanda

saýawan
el paraguas

kemer
el cinturón

futbolka
la remera

ädik
las botas

öý şypbygy
las pantuflas

krossowka
las zapatillas

sandaliýa
....
las sandalias

aýakgap
....
los zapatos

rezin ädik
....
las botas de goma

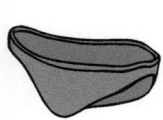

türsük
....
la ropa interior

göwüslik
....
el corpiño

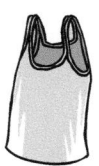

maýka
....
el chaleco

bodi

el body

jalbar

los pantalones

jins

los jeans

ýubka

la pollera

bluzka

la blusa

köýnek

la camisa

switer

el pulóver

switer

el buzo

sport keltekçesi

el blazer

žaket

la campera

palto

el tapado

plaş

el piloto

kostýum

el traje

köýnek

el vestido

toý köýnegi

el vestido de novia

erkek üçin kostýum

el traje

ýatyş köýnegi

el camisón

pižama

el pijama

sari

el sari

ýaglyk

el pañuelo para la cabeza

selle

el turbante

perenji

la burka

kaftan

el caftán

abaýa

la abaya

suwa düşmek üçin lybas

el traje de baño

plawki

el short de baño

şorty

los shorts

sport lybasy

el jogging

öňlük

el delantal

ellik

los guantes

ilik

el botón

äýnek

los anteojos

bilezik

la pulsera

zynjyr

el collar

ýüzük

el anillo

syrga

el aro

papak

la gorra

geýim asgyç

la percha

şlýapa

el sombrero

galstuk

la corbata

syrma

el cierre

şlem

el casco

egnaşyr kemer

los tiradores

mekdep lybasy

el uniforme escolar

lybas

el uniforme

çaga döşlügi

el babero

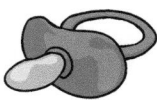

soska

el chupete

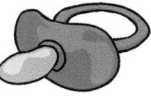

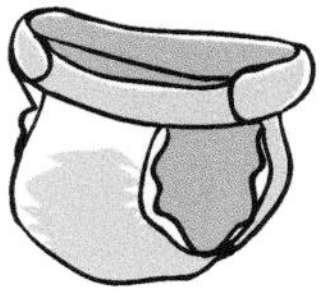

arlyk

el pañal

ofis
la oficina

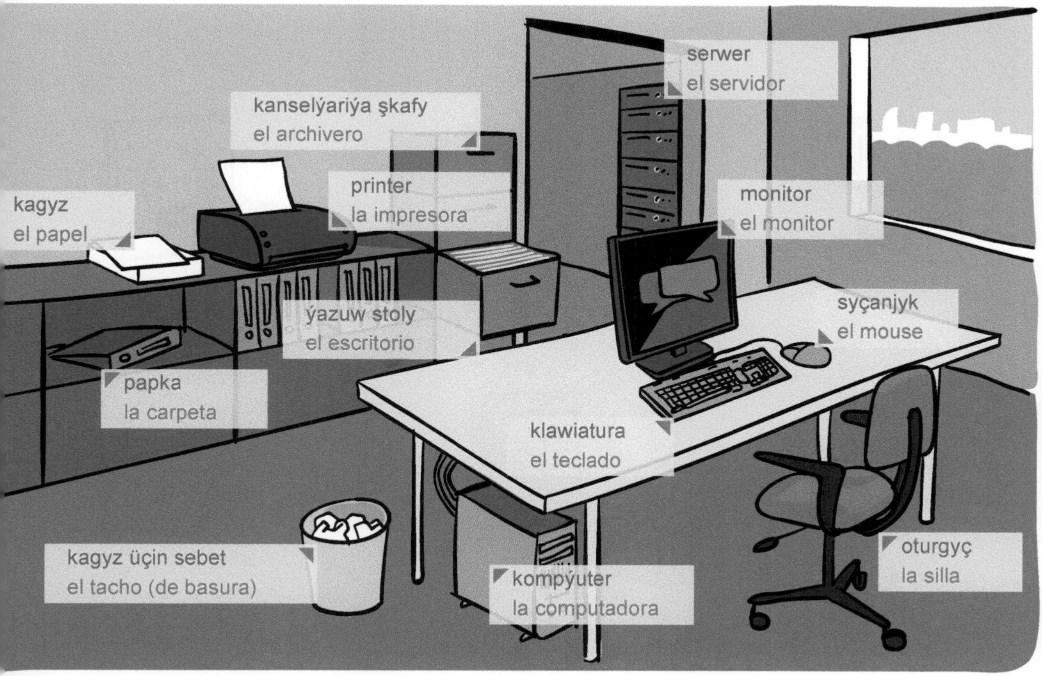

serwer
el servidor

kanselýariýa şkafy
el archivero

kagyz
el papel

printer
la impresora

monitor
el monitor

ýazuw stoly
el escritorio

syçanjyk
el mouse

papka
la carpeta

klawiatura
el teclado

kagyz üçin sebet
el tacho (de basura)

kompýuter
la computadora

oturgyç
la silla

kofe kružkasy

la taza de café

kalkulýator

la calculadora

internet

el internet

noutbuk

la laptop

hat

la carta

habar

el mensaje

öÿjükli telefon

el celular

tor

la red

kseroks

la fotocopiadora

programma

el software

telefon

el teléfono

rozetka

el tomacorriente

faks

el fax

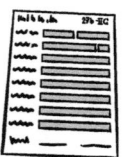

formulýar

el formulario

resminama

el documento

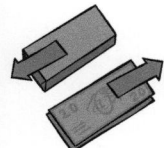

satyn almak

comprar

tölemek

pagar

söwda etmek

hacer negocios

pul

el dinero

dollar

el dólar

ýewro

el euro

iena

el yen

rubl

el rublo

frank

el franco suizo

ženminbi ýuan

el yuan

rupiýa

la rupia

bankomat

el cajero automático

walýuta çalyşmak üçin bent

la casa de cambio

altyn

el oro

kümüş

la plata

nebit

el petróleo

energiýa

la energía

baha

el precio

şertnama

el contrato

salgyt

el impuesto

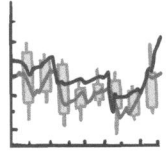

paýnama

la acción

işlemek

trabajar

gullukçy

el empleado

iş beriji

el empleador

fabrik

la fábrica

dükan

el negocio

hünärler
las ocupaciones

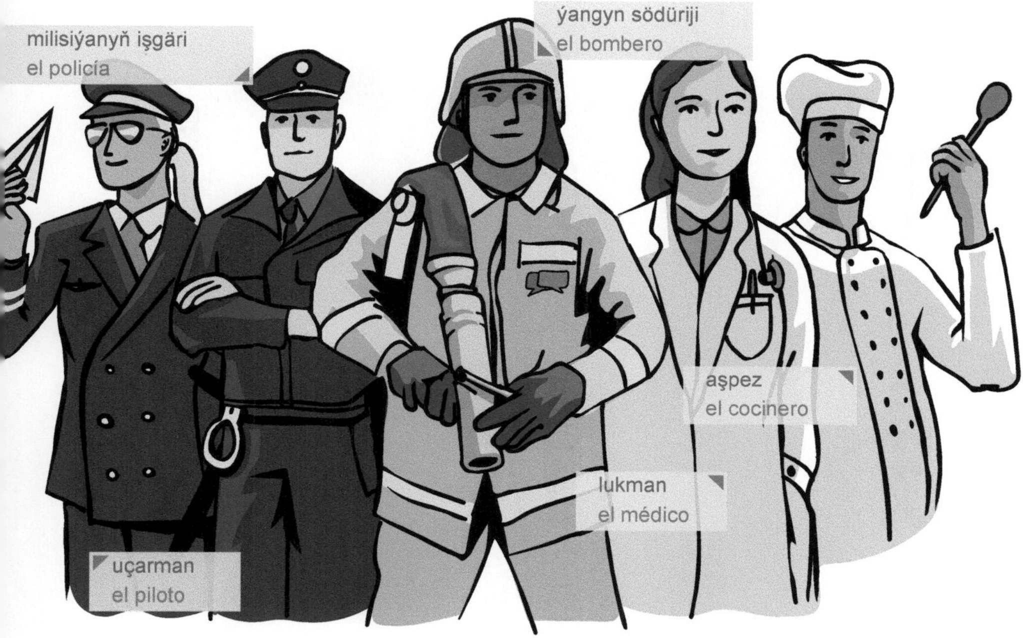
milisiýanyň işgäri
el policía
ýangyn söndüriji
el bombero
aşpez
el cocinero
lukman
el médico
uçarman
el piloto

bagban

el jardinero

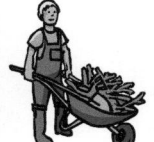

agaç ussasy

el carpintero

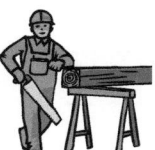

tikinçi

la modista

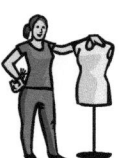

kazy

el juez

himik

el farmacéutico

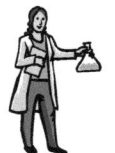

aktýor

el actor

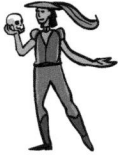

awtobus sürüjisi

el colectivero

taksiçi

el taxista

balykçy

el pescador

tam süpüriji

la mucama

üçek basyrýan ussa

el techista

ofisiant

el mozo

awçy

el cazador

suratçy

el pintor

çörekçi

el panadero

elektrik

el electricista

gurluşykçy

el albañil

inžener

el ingeniero

gassap

el carnicero

santehnik

el plomero

hatçy

el cartero

esger

el soldado

binagär

el arquitecto

pulhanaçy

el cajero

floraçy

el florista

dellekçi

el peluquero

konduktor

el cobrador

mehanik

el mecánico

kapitan

el capitán

diş lukmany

el dentista

alym

el científico

rawwin

el rabino

imam

el imán

monah

el monje

ruhany

el sacerdote

gurallar
las herramientas

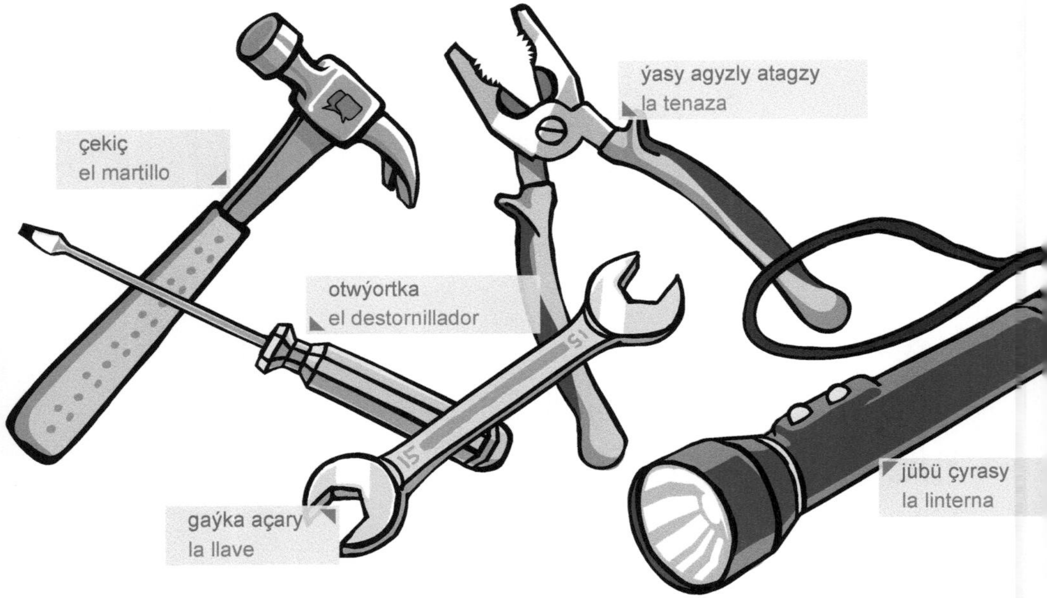

ýasy agyzly atagzy
la tenaza
çekiç
el martillo
otwýortka
el destornillador
gaýka açary
la llave
jübü çyrasy
la linterna

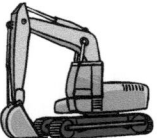

ekskawator

la excavadora

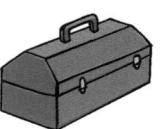

gurallar üçin gap

la caja de herramientas

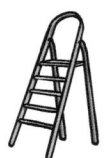

merdiwan

la escalera portátil

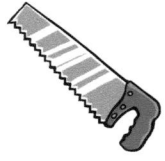

byçgy

la sierra

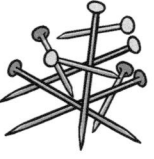

çüýler

los clavos

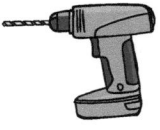

drel

el taladro

abatlamak

arreglar

pil

la pala de jardín

Bolmandyr!

¡Qué bronca!

susguç

la pala de plástico

boýagly bedre

el tacho de pintura

nurbatlar

los tornillos

saz gurallary
los instrumentos musicales

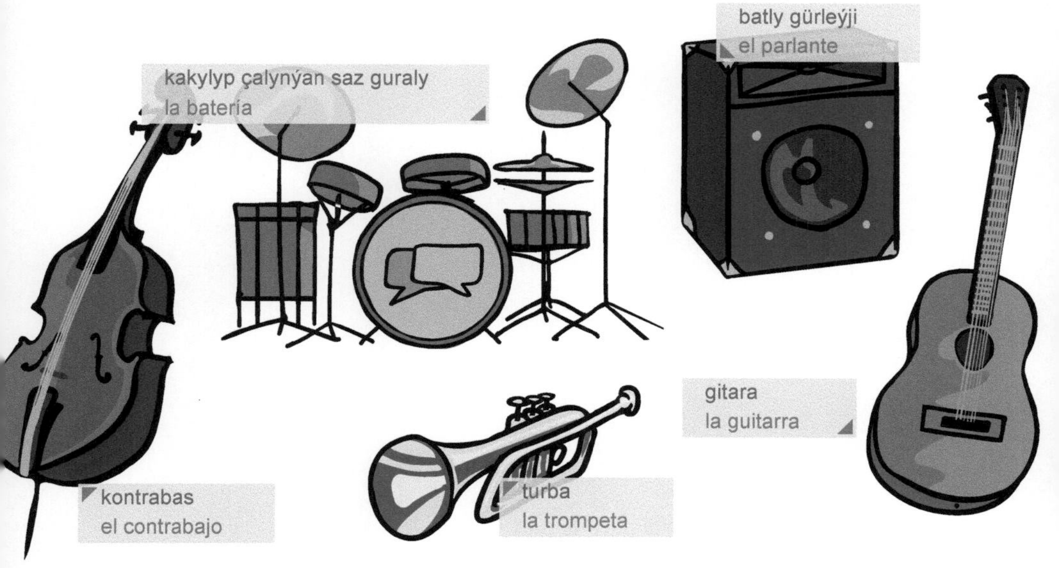

batly gürleýji
el parlante

kakylyp çalynýan saz guraly
la batería

gitara
la guitarra

kontrabas
el contrabajo

turba
la trompeta

pianino

el piano

skripka

el violín

bas-gitara

el bajo

nagara

los timbales

deprek

el tambor

sintezator

el teclado

saksafon

el saxofón

fleýta

la flauta

mikrofon

el micrófono

haýwanat bagy

el zoológico

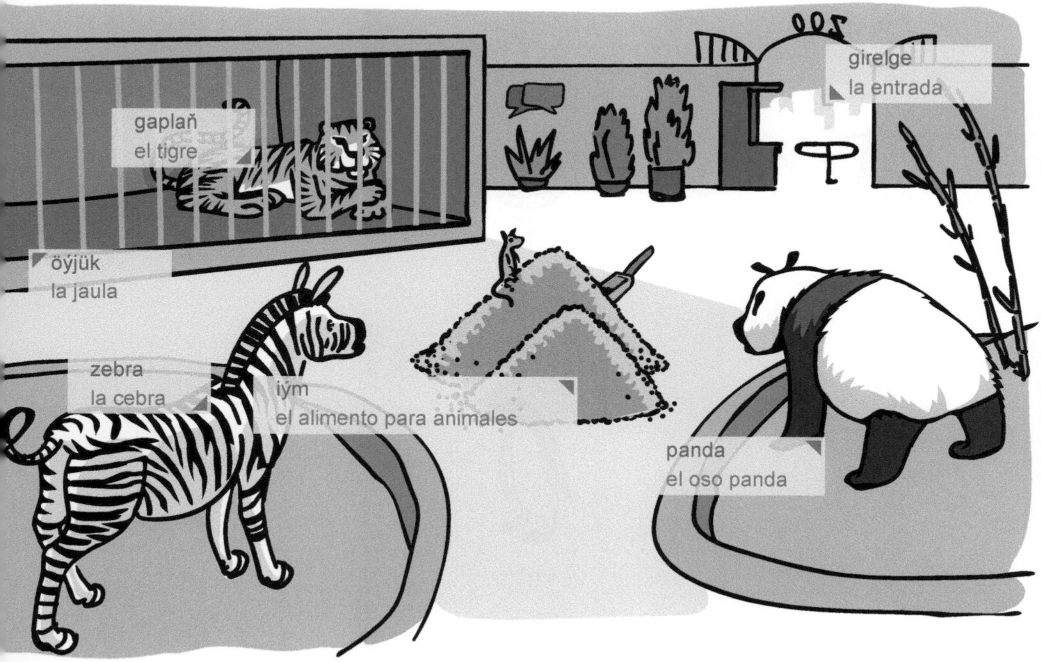
girelge
la entrada
gaplaň
el tigre
öýjük
la jaula
zebra
la cebra
iým
el alimento para animales
panda
el oso panda

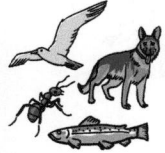

haýwanlar

los animales

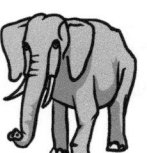

pil

el elefante

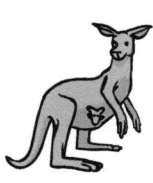

kenguru

el canguro

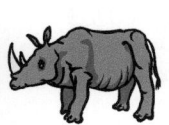

nosorog

el rinoceronte

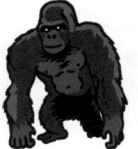

gorilla

el gorila

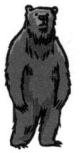

aýy

el oso

düýe

el camello

düýeguş

el avestruz

ýolbars

el león

maýmyn

el mono

gyzylinjik

el flamenco

hindiguş

el loro

ak aýy

el oso polar

pingwin

el pingüino

akula

el tiburón

tawus

el pavo real

ýylan

la serpiente

krokodil

el cocodrilo

haýwanat bagynyň
gullukçysy

el cuidador del zoológico

düwlen

la foca

ýaguar

el jaguar

poni

el poni

gaplaň

el leopardo

begemot

el hipopótamo

žiraf

la jirafa

bürgüt

el águila

ýekegapan

el jabalí

balyk

el pescado

pyşbaga

la tortuga

suwpişik

la morsa

tilki

el zorro

jeren

la gacela

amerikan
el fútbol americano

tigir sürmek
el ciclismo

tennis
el tenis

basketbol
el básquet

ýüzme
la natación

hokkeý
el hockey sobre hielo

boks
el boxeo

futbol
el fútbol

badminton
el bádminton

ýeñil atletika
el atletismo

gandbol
el handball

lyža sporty
el esquí

polo
el polo

bökmek
saltar

gujaklamak
abrazar

gülmek
reír

aýdym aýtmak
cantar

gitmek
caminar

dilemek
rezar

öpmek
besar

arzuw etmek
soñar

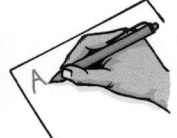

ýazmak

escribir

surat çekmek

dibujar

görkezmek

mostrar

basmak

presionar

bermek

dar

almak

tomar

eýe bolmak

tener

etmek

hacer

bolmak

ser

durmak

estar parado

ylgamak

correr

çekmek

tirar

taşlamak

tirar

gaçmak

caer

ýatmak

estar acostado

garaşmak

esperar

götermek

llevar

oturmak

estar sentado

geýmek

vestirse

ýatmak

dormir

oýanmak

despertar

görmek

mirar

aglamak

llorar

sypalamak

acariciar

daramak

peinar

gürlemek

hablar

düşünmek

entender

soramak

preguntar

diňlemek

escuchar

içmek

beber

iýmek

comer

tertipleşdirmek

ordenar

söýmek

amar

taýýarlmak

cocinar

gitmek

manejar

uçmak

volar

ýelkeni ýaýyp gitmek

navegar

hasaplamak

calcular

okamak

leer

okamak

aprender

işlemek

trabajar

nikalaşmak

casarse

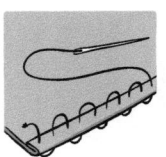

dikmek

coser

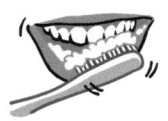

dişiňi arassalamak

cepillarse los dientes

öldürmek

matar

çilim çekmek

fumar

ugratmak

enviar

maşgala

la familia

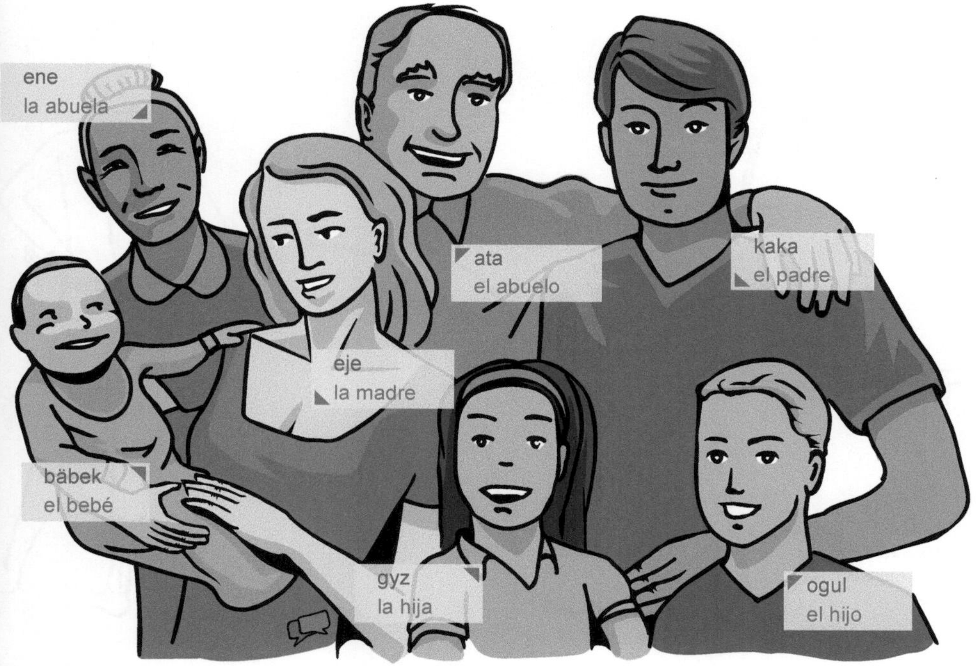
ene
la abuela
ata
el abuelo
kaka
el padre
eje
la madre
bäbek
el bebé
gyz
la hija
ogul
el hijo

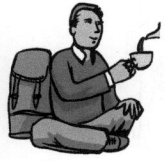

myhman
el invitado

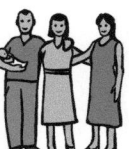

daýza
la tía

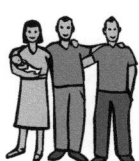

daýy
el tío

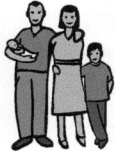

aga
el hermano

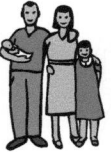

uýa
la hermana

ten

el cuerpo

mańlaý
la frente
göz
el ojo
egin
el hombro
barmak
el dedo
ýüz
la cara
äň
la pera
penje
la mano
aýak
la pierna
döş
el pecho
el
el brazo

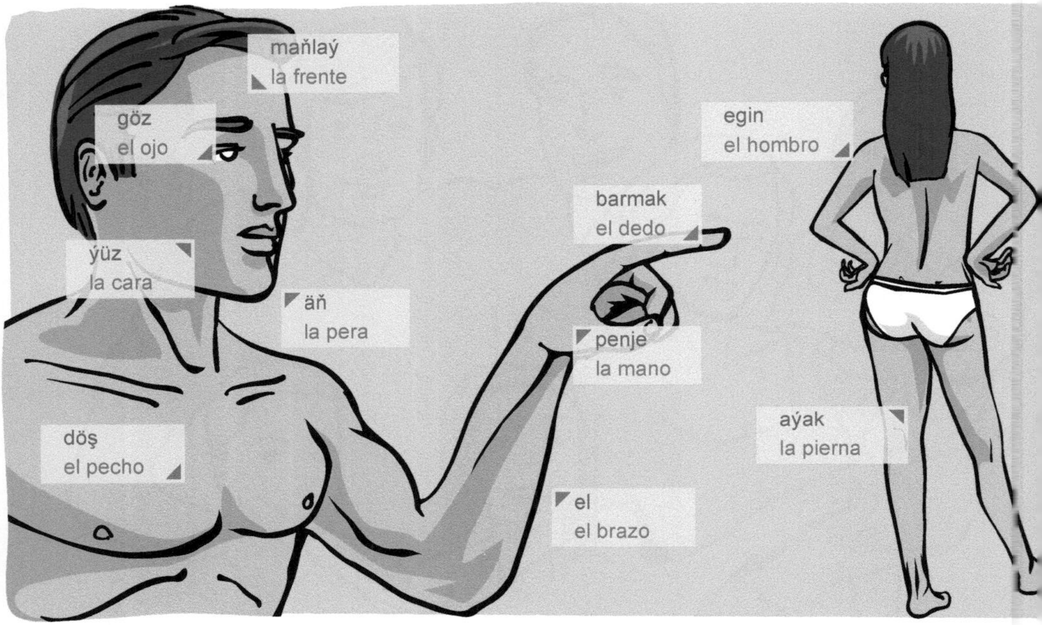

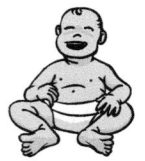

bäbek

el bebé

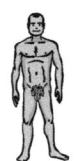

erkek

el hombre

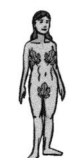

aýal

la mujer

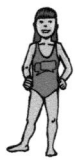

gyz

la nena

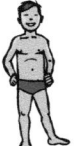

oglan

el nene

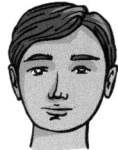

kelle

la cabeza

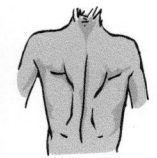

arka

la espalda

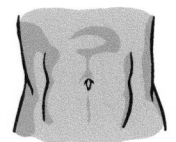

garyn

la panza

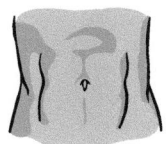

göbek

el ombligo

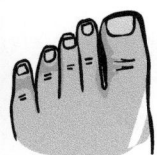

aýak barmagy

el dedo del pie

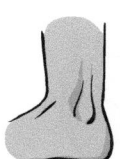

ökje

el talón

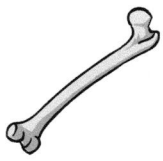

süňk

el hueso

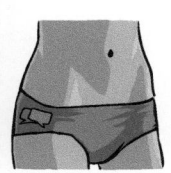

but

la cadera

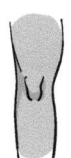

dyz

la rodilla

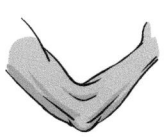

tirsek

el codo

burun

la nariz

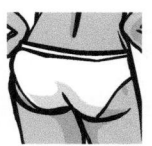

ýanbaş

la cola

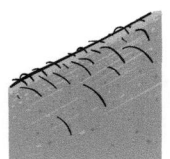

deri

la piel

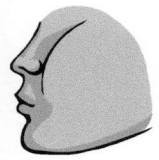

ýaňak

el cachete

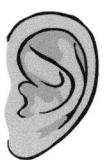

gulak

la oreja

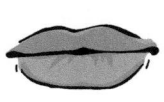

dodak

el labio

agyz

la boca

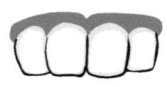

diş

el diente

dil

la lengua

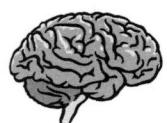

beýni

el cerebro

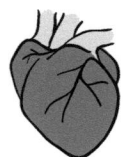

ýürek

el corazón

myşsa

el músculo

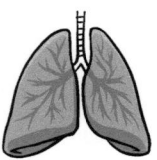

öýken

el pulmón

bagyr

el hígado

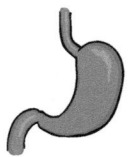

aşgazan

el estómago

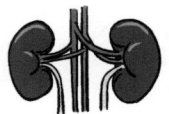

böwrek

los riñones

jyns ýakynlygy

el sexo

prezerwatiw

el preservativo

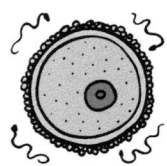

erkeklik jyns öýjügi

el óvulo

tohumlyk

el semen

göwrelilik

el embarazo

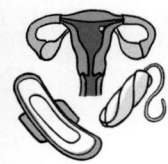

bil açylma

la menstruación

wagina

la vagina

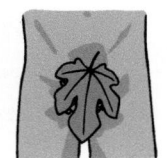

erkek jyns agzasy

el pene

gaş

la ceja

saç

el pelo

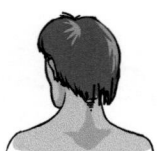

boýun

el cuello

hassahana
el hospital

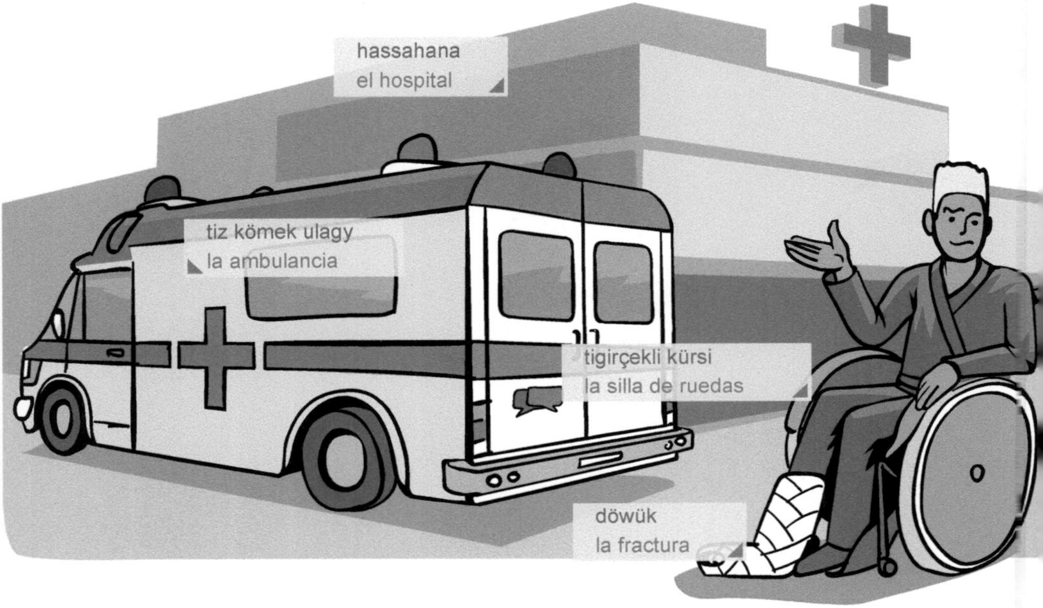

hassahana
el hospital
tiz kömek ulagy
la ambulancia
tigirçekli kürsi
la silla de ruedas
döwük
la fractura

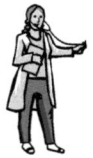

lukman

el médico

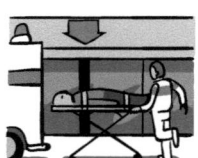

ilkinji kömek nokady

la sala de guardia

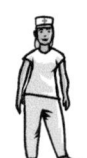

şepagat uýasy

la enfermera

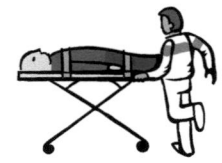

gaýragoýulmasyz ýagdaý

la emergencia

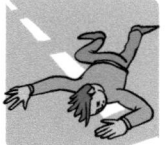

özüni bilmän

inconsciente

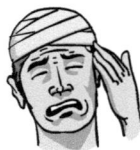

agyry

el dolor

zeper ýetme

la lesión

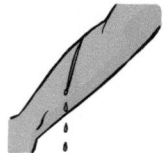

gan akmasy

la hemorragia

infarkt

el infarto

insult

el ACV

allergiýa

la alergia

üsgülik

la tos

ýokarlanan temperatura

la fiebre

dümew

la gripe

içgeçme

la diarrea

kelle agyrysy

el dolor de cabeza

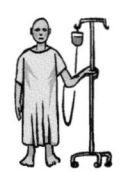

rak

el cáncer

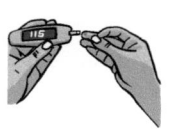

diabet

la diabetes

hirurg

el cirujano

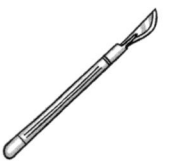

skalpel

el bisturí

operasiýa

la operación

iýmit siňdirýän ortlaryň jemi

la TC

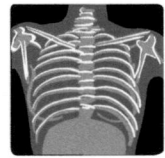

rentgen

los rayos x

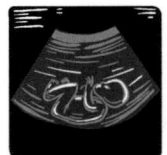

ultrases

la ecografía

maska

el barbijo

kesel

la enfermedad

kabulhana

la sala de espera

pişek

la muleta

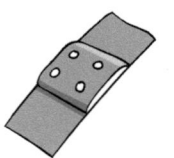

plastyr

la curita

bint

la venda

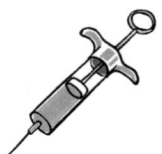

sanjym

la inyección

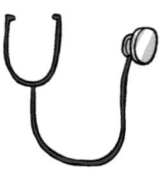

stetoskop

el estetoscopio

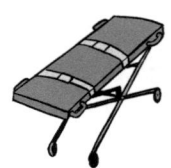

zemmer

la camilla

termometr

el termómetro

dogluş

el nacimiento

artykmaç agram

el sobrepeso

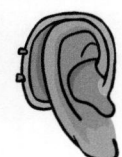

eşidiş abzaly

el audífono

zyýansyzlandyryjy serişde

el desinfectante

ýokanç

la infección

wirus

el virus

WIÇ/ AIDS

el VIH / SIDA

derman

el remedio

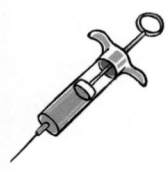

öňüni alyş sanjymy

la vacunación

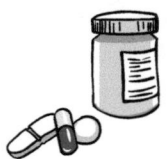

gerdejikler

los comprimidos

göwreli bolmakdan goraýan gerdejik

la pastilla anticonceptiva

aýragoýulmasyz çagyryş

llamada de emergencia

gan basyşyny ölçeýji abzal

el tensiómetro

näsag / sagdyn

enfermo / sano

Kömek ediň!

¡Ayuda!

howsala signaly

la alarma

çozuş

la agresión

hüjüm

el ataque

howp

el peligro

ätiýaçlyk çykalgasy

la salida de emergencia

Ýangyn!

¡Fuego!

ot söndürijisi

el matafuego

betbagtçylykly ýagdaý

el accidente

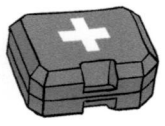

derman gutujygy

el botiquín de primeros auxilios

SOS

el SOS

milisiýa

la policía

Ýewropa

Europa

Demirgazyk Amerika

América del Norte

Günorta Amerika

América del Sur

Afrika

África

Aziýa

Asia

Awstraliýa

Australia

Atlantika ummany

el Atlántico

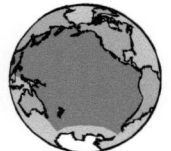

Ýuwaş umman

el Pacífico

Hindi ummany

el Océano Índico

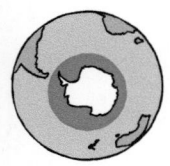

Antarktika ummany

el Océano Antártico

Demirgazyk Buzly umman

el Océano Ártico

Demirgazyk polýusy

el polo norte

Günorta polýusy

el polo sur

Antarktida

la Antártida

zemin

la Tierra

gury ýer

la tierra

deñiz

el mar

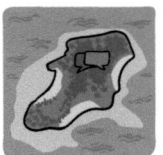

ada

la isla

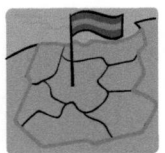

millet

la nación

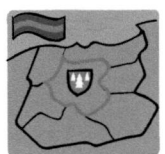

döwlet

el estado

siferblat

la esfera

sagadyň dili

la manecilla de las horas

minut görkezyän dil

el minutero

sekundy görkezyän dil

el segundero

sagat näçe?

¿Qué hora es?

gün

el día

wagt

la hora

häzir

ahora

elektron sagady

el reloj digital

minut

el minuto

sagat

la hora

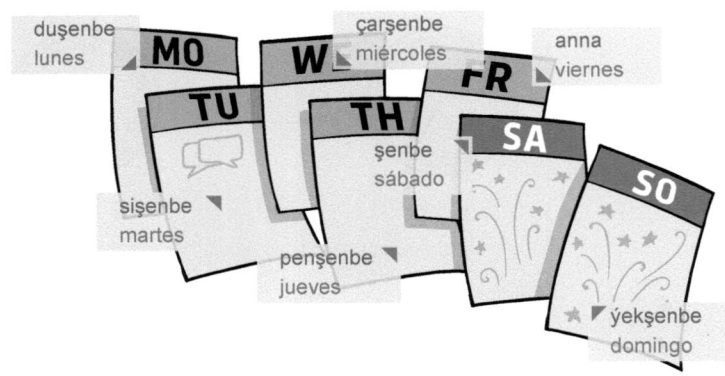

duşenbe
lunes

çarşenbe
miércoles

anna
viernes

sişenbe
martes

şenbe
sábado

penşenbe
jueves

ýekşenbe
domingo

düýn
....
ayer

şu gün
....
hoy

ertir
....
mañana

säher
....
la mañana

günortan
....
el mediodía

agşamlyk
....
la tarde

iş günler
....
los días hábiles

dynç günler
....
el fin de semana

ýyl

el año

älemgoşar
el arco iris
ýagyş
la lluvia
gar
la nieve
şemal
el viento
ýaz
la primavera
güýz
el otoño
tomus
el verano
gyş
el invierno

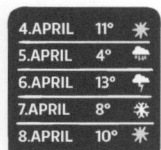

4.APRIL 11°
5.APRIL 4°
6.APRIL 13°
7.APRIL 8°
8.APRIL 10°

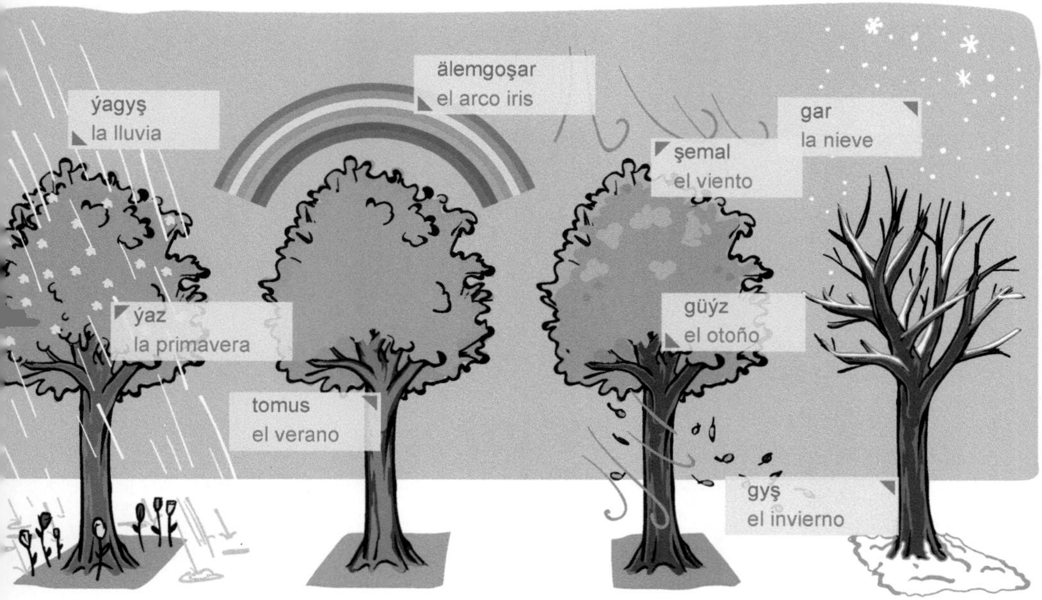

howa maglumaty

pronóstico meteorológico

F
C
120
90
60
30
0
-30
40
30
20
10
0
-10
-20

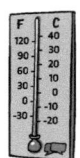

termometr

el termómetro

gün ýagtylygy

la luz del sol

gara bulut

la nube

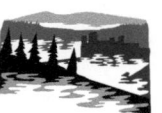

ümür

la niebla

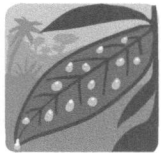

howanyň çyglylygy

la humedad

ýyldyrym

el rayo

gök gümmürdisi

el trueno

tupan

la tormenta

doly

el granizo

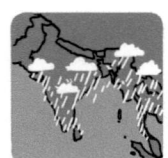

musson

el monzón

suw alma

la inundación

buz

el hielo

ýanwar

enero

fewral

febrero

mart

marzo

aprel

abril

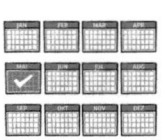

maý

mayo

iýun

junio

iýul

julio

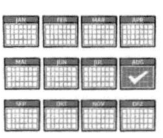

awgust

agosto

sentýabr

septiembre

oktýabr

octubre

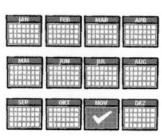

noýabr

noviembre

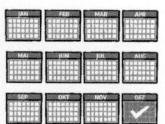

dekabr

diciembre

tegelek

el círculo

kwadrat

el cuadrado

göniburçluk

el rectángulo

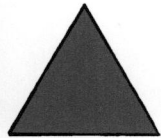

üçburçluk

el triángulo

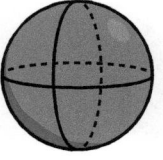

şar

la esfera

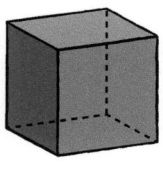

kub

el cubo

ak

blanco

sary

amarillo

mämişi

naranja

gülgüne

rosa

gyzyl

rojo

liliýa reňkli

violeta

gök

azul

ýaşyl

verde

goňur

marrón

çal

gris

gara

negro

köp / az
....
mucho / poco

gazaply / asuda
....
enojado / tranquilo

owadan / betnyşan
....
lindo / feo

başy / soňy
....
el principio / el fin

uly / kiçi
....
grande / chico

açyk / garaňky
....
claro / oscuro

oglan dogan / gyz dogan
....
el hermano / la hermana

arassa / hapa
....
limpio / sucio

doly / doly däl
....
completo / incompleto

gündiz / gije
....
el día / la noche

jansyz / diri
....
muerto / vivo

giň / dar
....
ancho / angosto

iýilýän / iýilmeýän

comestible / no comestible

gaharly / dostlukly

malo / amable

tolgunly / tukat

entusiasmado / aburrido

çişik / hor

gordo / flaco

başda / soňunda

primero / último

dost / duşman

el amigo / el enemigo

doly / boş

lleno / vacío

berk / ýumşak

duro / blando

agyr / ýeňil

pesado / liviano

açlyk / teşnelik

el hambre / la sed

näsag / sagdyn

enfermo / sano

bikanun / kanuny

ilegal / legal

akyly / akmak

inteligente / estúpido

çepde / sagda

izquierda / derecha

ýakyn / daş

cerca / lejos

t*täze / ulanylan*

nuevo / usado

hiç zat / bir zat

nada / algo

garry / ýaş

viejo / joven

ýakylan / söndürilen

encendido / apagado

açyk / ýapyk

abierto / cerrado

ýuwaş / gaty

silencioso / ruidoso

baý / garyp

rico / pobre

dogry / nädogry

correcto / incorrecto

büdür-südür / tekiz

áspero / suave

gamgyly / şatlykly

triste / contento

gysga / uzyn

corto / largo

haýal / tiz

lento / rápido

öl / gury

mojado / seco

ýyly / sowuk

caliente / frío

uruş / parahatçylyk

guerra / paz

0

nul

cero

1

bir

uno

2

iki

dos

3

üç

tres

4

dört

cuatro

5

bäş

cinco

6

alty

seis

7

ýedi

siete

8

sekiz

ocho

9

dokuz

nueve

10

on

diez

11

on bir

once

12

on iki
doce

13

on üç
trece

14

on dört
catorce

15

on bäş
quince

16

on alty
dieciséis

17

on ýedi
diecisiete

18

on sekiz
dieciocho

19

on dokuz
diecinueve

20

ýigrimi
veinte

100

ýüz
cien

1.000

müň
mil

1.000.000

million
el millón

iñlis

el inglés

amerikan iñlis

el inglés americano

mandarin hytaý

el chino mandarín

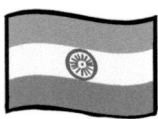

hindi

el hindi

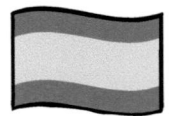

ispan

el español

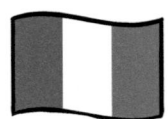

fransuz

el francés

arap

el árabe

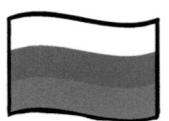

rus

el ruso

portugal

el portugués

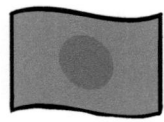

bengal

el bengalí

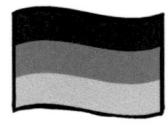

nemes

el alemán

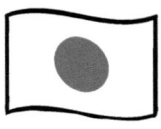

ýapon

el japonés

men
yo

sen
vos

ol (oglan) / ol (gyz) / ol (jansyz zat)
él / ella

biz
nosotros

siz
ustedes

olar
ellos

kim?
¿quién?

näme?
¿qué?

nähili?
¿cómo?

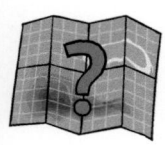

nirede?
¿dónde?

haçan?
¿cuándo?

ady
el nombre

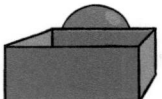

yzynda

detrás

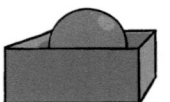

içinde

en

öňünde

adelante de

bir zadyň üsti

por encima de

üstünde

sobre

aşagynda

debajo de

ýanynda

al lado de

arasynda

entre

ýer

el lugar